मैं हूँ, यहाँ हूँ

वाणी प्रकाशन
नयी दिल्ली-110002

मैं हूँ, यहाँ हूँ

भारत यायावर

ISBN : 978-81-7055-295-6

वाणी प्रकाशन
21-ए, दरियागंज, नयी दिल्ली-110002
द्वारा प्रकाशित

प्रथम संस्करण : 1994

मूल्य : 80.00

कम्प्यूटेक सिस्टम, दिल्ली-110032
द्वारा लेज़र कम्पोज़

मेहरा आफसेट प्रिंटर्स, दिल्ली-110002
द्वारा मुद्रित

MAIN HUN, YAHAN HUN
(Poetry Collection) By Bharat Yayawar

कवि-कल्प-तरु
केदारनाथ सिंह
और
प्रिय साथी अनिल जनविजय
के योग्य

क्रम

मेरा प्रेम 9
सुनो अभिमन्यु 11
जाड़े में बरसात-1 13
जाड़े में बरसात-2 16
जाड़े में बरसात-3 18
तीन दिनों तक 19
प्रक्रिया 21
सपने देखती आँखें 22
हमारे होने का अर्थ 23
मैं हूँ, यहाँ हूँ 24
गा रे गा 25
आँखें 27
ऐसे में 29
मुँह-अँधेरे 31
अभिव्यक्ति 33
पिता के बारे में 34
बरसात का मौसम 36
आँधी 37
कितना अच्छा होता 38
आदमी कहाँ-कहाँ पीड़ित नहीं है 39
बता रहे हैं त्रिलोचन जी 40
इस तुलसी का राम 42
लड़की, जो पीछे आने.......... 43
जनाब 45
श्रीमान् 47
सर 48

झोला-1 50
झोला-2 52
चश्मा 54
रतन वर्मा-1 56
रतन वर्मा-2 57
मुखियाजी 59
किस्सा लंगड़ू पांडे का 61
पंडिताइन ममा 67
पानमाई 69
चंदर काका 71

प्रारंभिक कविताएँ 73

खिलाफ 75
आइये 77
आजादी 79
आजादी के बाद 80
विवशता 81
शहर 82
कविता के साथ 84
दरअसल मैं.......... 86
दादी और मि. रामपाल 88
शारदा दी 92
ईश्वर 96
ऐसा लगता है 97
पगडंडी 98

लम्बी कविता 99

झेलते हुए 102

मेरा प्रेम

मेरा प्रेम वैसा ही है
जैसा पानी का रंग
मेरी घृणा वैसी है
जैसी तेजाब की गंध

मैं प्रेम को प्रेम करता हूँ
और घृणा को घृणा
मैं वैसी चीजों की तलाश करता हूँ
जिनकी शक्ल में
पानी का रंग घुला होता है
वैसी छाँह की तलाश करता हूँ
जो सूरज की भयावह शक्ल से
बचाती है मनुष्य को

मेरी पूरी तलाश एक मनुष्य की है
मनुष्य की एक मुकम्मल पहचान लिए
मैं जाता हूँ जहाँ भी
लड़ता हूँ अन्धेरे से
पशुता से करता हूँ सामना

मैं जाता हूँ जहाँ भी
खिलखिलाता हूँ, खुश होता हूँ
देखता हूँ, फूलों को, भौंरों को
चिड़ियों को, वृक्षों को, बच्चों को
यहाँ
इस जगह
प्रेम की एक नदी बहने लगती है मेरे भीतर
न जाने किस तरह

घृणा और प्रेम के बीच जी रहा हूँ मैं
मैं जी रहा हूँ दुर्गन्ध और खुशबू के बीच

दुर्गन्ध और खुशबू के द्वन्द्व को
जी रहा हूँ मैं
क्योंकि मैं
प्रेम को प्रेम करता हूँ
और घृणा को घृणा

सुनो अभिमन्यु

और आज भी तुम लौट आये
पर तुम्हारी चाल से लग रहा था जैसे तुम
उदास और थके क्षणों को पाँवों से रौंद रहे हो

यह आज ही नहीं हुआ है
कल भी हुआ है
परसों भी हुआ है
और होगा–कल भी, परसों भी, और···

तुम आज भी मुस्कुरा रहे हो
लगता है जैसे व्यवस्था के पसरे हुए अँधेरे में
तनिक भी नहीं घबरा रहे हो

सुनो अभिमन्यु !
इस व्यवस्था का चक्रव्यूह बहुत विकराल है
और तुम्हारे पास लड़ने को न कोई औजार है, न हथियार है

और लड़ोगे भी कैसे अभिमन्यु ?
फटी हुई कमीज, घिसे हुए जूते
सम्बन्धियों के व्यंग्य, मित्रों के उपहास के बीच
लड़ोगे कैसे अभिमन्यु ?

फिर भी लड़ रहे हो तुम पेट की लड़ाई
पेट, आज जिसका अर्थ विश्व हो गया है
विश्व, जो चन्द पेटों में ही स्थापित हो रहा है
पेटों में ही उद्योग स्थापित हो रहे हैं
पेटों में ही श्रमिक घुट रहे हैं

तुम समय के ऐसे गर्भ में जी रहे हो मनु
जहाँ हर आदमी एक-दूसरे को खा रहा है
मौका मिलते ही हड्डियाँ तक चबा रहा है

सुनो, अभिमन्यु सुनो !
इस भयानक पेट को चीरना ही होगा
मुक्ति हमारा सबसे बड़ा पर्व है अभिमन्यु !

अभिमन्यु ! यह 'तुम' नहीं 'मैं' हूँ
जो कह रहा हूँ, सुन रहा हूँ, देख रहा हूँ
यह 'मैं' नहीं, तुम हो
जो कह रहे हो, सुन रहे हो, देख रहे हो

जाड़े में बरसात-1

अभी-अभी तो आसमान साफ था
अभी-अभी तो फैला था सूरज का जादू
न जाने कहाँ चला गया सूरज
किस खेल में शामिल हो गया ?

और शुरू हो गया बादलों का जादू
खुश होने लगीं पॉलेस्टर की कमीजें
कारों के चक्के सड़कों पर दौड़ते रहे
वैसे ही अभिमान से

और सड़क की आत्मा को आँखों में बसाये
ठिठुरता रहा कवि किसी अजनबी मकान की दीवार से सटा
जिसके अन्दर से आती रहीं निरन्तर ठहाकों की आवाजें
जाड़े की इस बरसात में खुश भी होते हैं लोग !
मैंने देखा, और सरपट भागा

मेरा पूरा बदन
बादलों से घिरे आसमान के नीचे
रोता रहा दिन भर
और मैं तलाशता रहा
आग और सूखे कपड़े और एक छत

पूरा का पूरा शहर मेरे भीतर नगाड़े बजाकर हँसता रहा
और मैं मछलियों से गंधाते एक बाजार में जा पहुँचा
वहीं खड़ा, न जाने कितनी देर से, मेरा एक दोस्त मिला
मैं उसे देख आश्चर्य से भर उठा
क्योंकि वह मेरा आईना भर नहीं था

मैंने उसका हाथ पकड़ा
और खींचता हुआ उसे
पहुँचा उस कुएँ के पास,
जिसमें छलांग लगाने की इच्छा से
बुरी तरह पीड़ित रहा था पिछले दिनों
पर हर बार कुएँ के पाँच पोरीसा पानी में
अपने को पहले से ही उपस्थित पा
अपने दुखों से हल्का हो गया था

कुएँ की जगत पर बैठा था हमारा एक और दोस्त
जो जीवन का स्वागत
बेहूदी गालियों से करता-करता थक गया था

मैंने उसे देखा
और आश्चर्य से भर उठा
क्योंकि वह मेरा आईना भर नहीं था

वहाँ से भागा
भागा-भागा जहाँ-जहाँ गया
सब दरवाजे बन्द मिले

अब मेरे साथ था एक जुलूस
जिसकी आँखों का तारा धूप थी

जाड़े की यह धूप
मक़ान थी, रोटी थी, कमीज थी
गरीबी की चादर थी

एक जुलूस की शक्ल में मैंने
खुद को झटका दिया
और आसमान से मुँह फेर लिया

जाड़े की यह बरसात
जीने नहीं देती मनुष्य को !
कचहरी मोड़ पर
भिखमंगे की लाश देखकर
हँसती है कार–
अच्छा हुआ जो समाज का एक कोढ़ गया !

पर जुलूस क्षुब्ध होता गया
उस व्यवस्था के खिलाफ
जिसने अपना पूरा सौंदर्य
सौंप दिया है भवनों को
जिसमें ठहाके लगाते हैं लोग
और सड़कों को
सौंप दिया है कीचड़ और पानी
और नंगे कदमों का ठिठुराव
और गाड़ियों के चक्कों का असहनीय बर्ताव

जाड़े में बरसात-2

यह मौसम है या बसूला
जो छीलता ही जा रहा है
लोगों को
अन्दर की गर्मी
भाप बनकर
आती है बाहर
बीड़ी के धुएँ की तरह

सुबह से लगातार
भीग रही है सड़क
हरिराम सड़क का भाई है
जिसके रिक्शे पर
बैठने की जिद
करते हैं लोग
उसकी भीगती दशा पर
देखो तो
मौसम भी हँसता ही जाता है

—जानै ही हरि
ई कदमा नाम कैसे पड़लौ
ई गाँव में कादो ही कादो
कादो से कदमा !

–अरें भाय
ठेल तो जरा !
ई साली कादो !

ऐ हरिराम !
गाँव में रहोगे
और कीचड़ से डरोगे ?

हरिराम !
मौसम से जैसे
जूझती है सड़क
वैसे ही लड़ता है तू
सड़क फिर भी कहाँ कुछ कहती है ?

तू भी मत डर हरिराम
मौसम के बसूले से भी तेज धार
तेरे जीवन में है
जिसे तेरे साथ रहकर
पा रहा हूँ मैं
कष्ट सहकर भी
गाँवों में मुस्कुराना
सीख रहा हूँ मैं

जाड़े में बरसात-3

जाड़े में बरसात-सुहानी किसे लगे है ?
जिसकी छत से दिन में सूरज घुस आता है
उसकी छाती पर कितने मन मूँग दले है !
वही भले–जो पानी से गरमी पाता है ?

रात-रात भर पानी बरसा झम-झम-झम-झम
इस पानी ने शोर मचाया ऐसा जैसा
बजे नगाड़ा जोर-जोर से ढम-ढम-ढम-ढम
ऐसे में जीना अपना हो गीदड़-जैसा
किसी छेद में छुपे हुए हों भूखे-प्यासे
ऊपर से पानी आकर मुँह बहुत चिढ़ाता
कितना मुश्किल जीना है, कोई क्या जाने
जाड़े में बरसात–आदमी तो मर जाता !

जिनके सुख आकर सपनों में रोज सताते
रोज कष्ट पाने वाले कब जीवन पाते ?

तीन दिनों तक

तीन दिनों तक
कहाँ रहे भैया सूरज ?

तीन दिनों तक बादलजी ने
टप-टप आँसू बरसाये
तीन दिनों तक चिड़ियों के घर
रहे भीगते,
क्या खाते :
तीन दिनों तक गाँव काँपता रहा
ठंड से बेचारा
कुछ घंटों के लिए कहीं से
झाँक दिये होते तो शादी भी हो जाती
यों सियार की
इतने लापरवाह कभी-भी नहीं रहे तुम भैया सूरज
तीन दिनों तक कहाँ रहे तुम ?

हरिया का घर
कितना है बीमार !
बेचारा भूखा-प्यासा
तीन दिनों तक पड़ा रहा लाचार

सड़क बिचारी क्या कर पाती
कादो-पानी से लथपथ काया
गाँव-जवार की बनी हुई अभिशाप
तुम्हारी राह देखती भैया सूरज तीन दिनों तक

खलिहानों में पड़े धान के गट्ठर
देखो भीग-भीग कर गमक रहे हैं
आज तुम्हारे आने से वे चमक रहे हैं
चहक रहे हैं पक्षी
पौधे झूम रहे हैं
तीन दिनों तक कहाँ रहे तुम ?

प्रक्रिया

मैं तुम्हारे पास बैठा हूँ
मैं तुम्हारे पास नहीं बैठा हूँ

मैं भटक रहा हूँ जंगल में
जंगल में गुर्रा रहे हैं चीते
चीतों की आँखें लाल हैं
चीतों के पंजे पैने हैं
मैं डर रहा हूँ
मैं बहुत डर रहा हूँ

मैं तुम्हारे पास बैठा हूँ
पर मेरे अन्दर मँडरा रही है एक चील
चील दहशत का नाम है
उसकी चोंच में माँस का एक लोथड़ा है
वह मेरा हृदय है
वह धड़क रहा है
वह तेजी से धड़क रहा है

यह मैं कहाँ पहुँच रहा हूँ
कितनी गहराई में उतर रहा हूँ

सपने देखती आँखें

कितना कठिन है
एक लगातार चलने वाली लड़ाई को
अपनी कविता सौंप देना
सौंप देना अपनी आँखें
जो लगातार सपने देखती हों

सपने देखना चाहिए
सपने जो हमें सही-सही सरोकारों से जोड़ते हैं
सपने आँखों की तरह ही कीमती हैं

सपने देखती आँखें
कितनी खुश हैं !
कितनी भरी-भरी-सी
कितने ही भरपूर प्रेम की
ज्वाला में जली हुई-सी

सपनों में आँखें डूबी हैं
क्या अच्छा है
मुक्ति का बल इस बन्धन से बन्धा हुआ है
दुनिया से अपनापन इससे सजा हुआ है

हमारे होने का अर्थ

हमारे होने का अर्थ
सुबह है
सुबह का सूरज होना
लाल-लाल
मद्धम आँच में तपना

आगे, और आगे
सुबह से आगे
पूरी दुनिया को देखने की समझ
एक आकार ग्रहण करती हुई

हमारे चलने का अर्थ
रोशनी में होना
उजली झक-झक रोशनी
चीजों को प्रकाशित करती हुई

मैं हूँ, यहाँ हूँ

मैं हूँ, जहाँ हूँ, जहाँ रहूँगा
मैं नहीं हूँ, जहाँ नहीं हूँ, नहीं रहूँगा

इसलिए क्यों करते हो कोशिश
मेरे लौटने की
अपनी धरातल से कैसे लौट सकता हूँ

मैं नहीं चाहता एक सिंहासन
एक सोने का हिरण
मैं नहीं चाहता एक बाँसुरी
एक वृन्दावन
मैं चाहता हूँ भटकना मीलों-मीलों
धूल में, रेत में
धूप में, ठंड में
चाहता हूँ जीना
संघर्ष में, प्यास में, आग में

मैं हूँ, यहाँ हूँ, यहीं रहूँगा

गा रे गा

गा रे गा
जीवन के सुर में सुर मिला
गा रे गा

भाग मत भाग
अपने ही अन्दर जाग
मगर जाग
साथ तेरे साथ
अगर नहीं आग
तलाश
पानी ही तलाश

बेहोश मत हो
अपने को मत खो
जो हो
सार्थक हो

आ रे आ
इस जीवन पथ पर आ
अपनी अभिलाषाओं को
पूरित करने का बल पा

आजादी का सूर्य कंधे पर बिठा

पा रे पा
सब कुछ पा
इसी राह पर आ

आँखें

मेरी आँखें
आकाश हैं मेरे लिए
और लोगों के चेहरे
रूप
रंग
आँखों के बिना हर आईना
डूबा है अन्धेरे के सैलाब में

आँखें
अन्धेरे को चीरती हुई
देख पाने में हैं सक्षम
दूर की टिमटिमाती हुई लौ
काँपता हुआ
रक्तकमल एक
सूरज के हाथ का

आँखें
दरख्तों की पत्तियाँ हैं
हवा की झोंकों में
उड़ती
हुई पतंग

रात में
तालाब के बीच डूबा चाँद

आँखें मेरी कविता की माँ हैं
मैंने इन्हीं से लिया है
हर बार जन्म

ऐसे में

कितना अजीब है संस्मरण हो जाना
अपने ही जीवन का
कितना अजीब है
अपने से इतना दूर चले आना

धूल से अँटा हुआ
खेलता हुआ जाड़ों में गिल्ली-डंडा
शाम को तोते की तरह रटता पहाड़ा
वह मैं हूँ
वह मैं नहीं हूँ बीते हुए बचपन के सिवा

एक लझड़िया साइकिल
और झोलाधारी एक सवार
कितने घरों में जाकर ट्यूशन पढ़ाता हुआ
घिसे चप्पलों में जाता कॉलेज
वह मैं हूँ
वह मैं नहीं हूँ आज, कल के सिवा

आज खड़ा हूँ जहाँ
लोगों से जुड़ी एक कविता है
जो इस थकान से भरी जिन्दगी को

करती रही है संघर्षोन्मुख

ऐसे में
कितना शुक्रगुजार हूँ मैं
कविता तुम्हारा !

मुँह-अँधेरे

मुँह-अँधेरे उठ गया हूँ
घूम आया हूँ
दरख्तों के तले होता

मुँह-अँधेरे पक्षियों के बोल
जैसे गुनगुनी-सी धूप में
सोता पहाड़ी से उतरता हो

मुँह-अँधेरे वायु बहती है
हमारे प्राण में भरती हुई चंदन

मुँह-अँधेरे जग गयी है माँ
झाड़ू हाथ में लेकर
किया है पूरे घर को साफ़

मुँह-अँधेरे बैलों ने जगकर
बजायीं घंटियाँ अपनी
गया उठ उनका वह साथी गनेसवा
वह चराने ले गया उनको कहीं मैदान

मुँह-अँधेरे मैंने सोचा है
करूँगा नीम की दातून
बस उगते ही सूरज के

मुँह-अँधेरे मुँह दिखाई दे रहा मेरा
मुँह-अँधेरे मुँह दिखाई दे रहा सारे जमाने का

अभिव्यक्ति

वह मेरे आगे-आगे बह गयी
मेरे आकाश को अपनी आँखों में बसाये
मेरे समर्पण को अपनी आत्मा में सुगंध बनाये
मेरे संघर्षों को रेखांकित करती
वह मेरे आगे-आगे बह गयी

मैंने उसे गहा
मैंने उसे जिया
मैंने उसे कहा
पर मेरे शब्द मेरे नहीं रहे
मेरे भाव मेरे नहीं रहे
मेरे सन्दर्भ मेरे नहीं रहे

वह मेरे आगे-आगे बह गयी
कहीं मुझको स्वीकारती, कहीं नकारती
मुझको, मेरे 'मैं' को 'हम' करती
लोगों के साथ आत्मीयता स्थापित करती
बात-चीत करती
वह मेरे आगे-आगे बह गयी

पिता के बारे में

पिता, तुम्हारी यादों में खो जाता है मन
मेरे नन्हे पाँव तुम्हारे कंधों पर
चढ़ने को बेचैन हुआ करते थे जब
कितने सुन्दर और हुआ करते थे दिन

पिता, तुम्हारे गुजरे हो गये कितने दिन
यातना का पहाड़ ढोता भन तुम्हारा
थक न पाया था, न टूटा था
तुम्हारा आत्म-बल ही

तुम्हारी जर्जर आकृति पर टिकी थीं कई आँखें
जो तुम्हारे साथ करती आ रही थीं
एक लम्बी यात्रा
उस कष्टप्रद यात्रा में शरीक यह मकानं
(जिसके हम उत्पादन हैं।)
तुम्हारी तकलीफों के साथ तुम्हें जीता आया था

पिता, जिन्दगी भर तुम्हें जिन्दगी का साथ रहा
इसीलिए जिन्दगी भर तुम लड़ते रहे
जिन्दगी की लड़ाई

अब तुम्हारे नहीं रहने पर भी
तुम्हारी लड़ाई और बल से लड़ रहा हूँ

तुम कभी नहीं हारे थे पिता
न कभी हारोगे

बरसात का मौसम

बरसात का मौसम बहुत ही रास आये है जिसे
उससे नहीं पूछो, पूछो मगर उससे
चला है पूछता जो आग की हालत

यह आग की हालत बहुत ही रास आये है जिसे
उससे नहीं पूछो, पूछो मगर उससे
जला है जो बरफ की घाटियों में जा

बरफ की घाटियों में जो गया है खो
कहता रह गया–
बरसात का मौसम
पहाड़ी जिंदगी को
हाय ः कितना त्रस्त करता है !

आँधी

एक पगली हथिनी
दौड़ती है
मौसम की नन्ही बच्ची को
पैरों कुचलने

बच्ची की मौत पर
आदमी का पूरा बदन
आँसू बहाता है

माँ कहती है
बाहर मत निकलो
बाहर खतरा है

खतरा अन्दर भी है
पंखा भी
आँधी बहाता है

कितना अच्छा होता

वह तेजी से मरता हुआ आदमी
सोचता है तेजी से जवान होती
बेटी के बारे में
रहता है घुटता
वह तेजी से उम्र की ढलान पर लुढ़कता आदमी

बेटी बड़ी हो रही है
फूल महक रहा है
फूल चहक रहा है
और वह आदमी ढरक रहा है
वह बाप है
बाप, जिसके पाँव में जूते भी आकर काँपते हैं
बेटी बड़ी हो रही है !

कितना अच्छा होता
बाप नहीं होता वह
बेटी नहीं होती ! कितना अच्छा होता
अपने में घुलता आदमी सोचता है
सिर्फ सोचता भर है
कितना अच्छा होता
वह आदमी ही नहीं होता

आदमी कहाँ-कहाँ पीड़ित नहीं है

यह बार-बार, हर बार, हर बात
क्यों टिक जाती है सिर्फ रोटी पर ?

यह बार-बार, हर बार, हर रोटी
फैलकर क्यों हो जाती है
एक पूरी व्यवस्था ?

यह बार-बार, हर बार, हर व्यवस्था
क्यों हो जाती है एक राक्षसी ?
क्यों लील जाती है लोगों की सुख-सुविधाएँ ?
क्यों लगा दिया जाता है
किसी नये सूरज के उगने पर प्रतिबन्ध ?

आदमी कहाँ-कहाँ पीड़ित नहीं है ?
अपने होने से नहीं होने के बीच
आदमी कहाँ-कहाँ पीड़ित नहीं है ?

बता रहे हैं त्रिलोचन जी

हजारों वर्षों की अपनी बदलती हुई परम्परा को
अपने में जीवंत किये हुए
विश्व के ज्ञान-विज्ञान से निरन्तर टकराते हुए
आज के समग्र यथार्थ के रू-ब-रू खड़े
मेरे आदर्शों के मूर्त रूप हैं त्रिलोचन जी

बता रहे हैं जब किशोर थे
आचार्य शुक्ल से मिलने उनके घर जाते थे
उसी वक्त वे सीधे उनसे टकराते थे

बता रहे हैं त्रिलोचन जी
कभी 'हंस' में उप-संपादक थे
मुक्तिबोध थे डिस्पैचर,
पर मुक्तिबोध कितने आगे हैं !

बता रहे हैं त्रिलोचन जी
व्यक्ति सरल ऐसा भी होता
जैसे हैं शमशेर बहादुर !

त्रिलोचन जी बाबा (नागार्जुन) के
गुरुत्व-भार को तौल रहे हैं

त्रिलोचन जी बता रहे हैं
कितने प्रखर आलोचक हैं नामवर सिंह
बता रहे हैं त्रिलोचन जी
काशी के अपने संघर्षों को याद कर रहे
कई लेखकों से अपने संबंधों का इतिहास कह रहे
बात-बात में बार-बार वे कोश-ज्ञान प्रस्तुत कर रहे

त्रिलोचन जी बोल रहे तब त्रिलोचन हैं
किन्तु सहन-सहन में अब भी
बासुदेव हैं
कम-कीमती कुर्ता-पाजामा
कंधे से झूलता एक झोला
जैसे अपने गाँव-जवार से
अभी-अभी आये हों दिल्ली

ऊबड़-खाबड़ देहाती-से लगनेवाले
सॉनिटिया इस त्रिलोचन से
हिन्दीवाले खफा रहे हैं
रुचते नहीं त्रिलोचन उनको

मैं देहाती, गँवई लेखक
त्रिलोचन के पास खड़ा हूँ
मेरे आदर्शों के मूर्त रूप हैं त्रिलोचन जी

इस तुलसी का राम

घूम रहे थे साथ त्रिलोचन कल सड़कों पर
दिल्ली की आँखों में मानो धूल पड़ी थी
उसने देखा नहीं और फिर झापड़ मारा
मैंने सोचा–कैसे कहते लोग नगर यह दिलवालों का

इसने देखा कहाँ आग बस जलती रहती
इसने सोचा होता फिर हम साथ नहीं रह पाते
और त्रिलोचन पीछे होती लोगों की भीड़

भीड़ से बाहर आकर सप्तपर्णी के पत्ते तोड़े, पान चबाये,
त्रिलोचन, यह नाम उपेक्षा भर का होगा दिलवालों को
पर नामवर सिंह केदार के साथ खड़े थे
त्रिलोचन के वे महत्त्व को समझ रहे थे
गले मिलें ज्यों कृष्ण-सुदामा की बाँहें हों

गुजर रही थी भीड़ बसों में बैठी-बैठी
गुजर गयी थी भीड़ त्रिलोचन बिन-पहचाने
धूल उड़ी थी फिर सड़कों पर
पर महत्त्व क्या कम कभी है इस तुलसी का
इस तुलसी का राम बसा है जन-मानस में

लड़की, जो पीछे आने का संकेत कर गयी

एक काफिला मेरी आँखों के आगे ठहर गया है
उसे एक कुत्ता 'लीड' कर रहा है

पर मैं उसे वहीं छोड़
खयालों की सीढ़ियाँ चढ़
उस लड़की के कमरे के सामने हूँ
और उसका दरवाजा खटखटा रहा हूँ
जो अचानक अपनी ओर मुझे घूरता पाकर
एकदिन आँखों में मुस्कुराई थी
और पीछे आने का संकेत कर गयी थी
फिर देखते-ही-देखते एक नदी हो गयी थी मेरे ही अन्दर
और मैं
खयालों की सीढ़ियाँ चढ़ उसके कमरे के सामने हूँ
और उसके दरवाजे पर दस्तक दे रहा हूँ
पर मेरी दस्तक की आवाज पर
कोई भी चेहरा नहीं उभरता
नदी अब भी निरन्तर बह रही है
और मैं
सीढ़ियाँ उतर रहा हूँ

अब काफिले के आगे

कई कुत्ते हैं
कुत्तों के सिरों पर टोपियाँ हैं
कुत्ते भूँक रहे हैं
कुत्ते भाषण दे रहे हैं

कुत्ते कह रहे हैं–अभी रात है
काफिला स्वीकार में सिर हिला रहा है
कुत्ते कह रहे हैं–अभी दिन है
काफिला स्वीकार में सिर हिला रहा है

यह काफिला कभी खत्म नहीं होगा
पर कुत्तों की जगह गदहे भी आयेंगे
गदहों की जगह सुअर भी आयेंगे
सुअरों की जगह.......

और मैं सोच रहा हूँ आदमी कब आयेगा
जो आदमी की भाषा समझेगा
और मैं मिल सकूँगा उस लड़की से
जो मेरे ही अन्दर एक नदी होकर बह रही है
मेरी भावनाओं के मध्य माँ हो गयी है

न जाने कब मैं इस नदी को
अपने से बाहर
देश के जंगलों, खेतों, रेगिस्तानों
गाँवों, कस्बों, नगरों के बीच से गुजरता
देख सकूँगा
न जाने कब ?

जनाब

इस कदर गुस्से से क्यों भरे हैं जनाब ?
इस तरह क्यों गलिया रहे हैं ?
बार-बार थूक रहे हैं ?

देखिये आपकी पीक से
धरती किस तरह घिना गयी है
आपकी गालियों से गंधा गयी है हवा

अपने ही गुस्से से टूट रहे हैं आप
अपनी ही धरातल से छूट रहे हैं आप
फिर इतने गुस्से से क्यों भरे हैं जनाब
क्यों जला रहे हैं लहू अपना ही आप ?

जनाब, आप मुस्कुराये
और मुस्कुराइये, फिर मुस्कुरा कर ही
अपनी कविता में टाँक लीजिए :
–यह दिल्ली है दिल्ली
भारत का दिल
मगर चूहों का बिल

भाई मेरे, मुझे तो दिल्ली बहुत अच्छी लगती है
इसीलिए मेरे भेजे में कोई गाली नहीं पलती है

इसका मतलब यह नहीं जनाब
कि मैं किसी कुत्ते की दुम हूँ
जो हूँ, जहाँ हूँ
अपनी ही राहों का राही हूँ
इसीलिए बार-बार लोगों से
जुड़ा-जुड़ा टूटा हूँ
बार-बार हारा हूँ
बार-बार चुका हूँ

इसका मतलब यह नहीं जनाब
कि बिल्कुल ही ठंडा हूँ
पर गुस्से कौए भी नहीं
गालियाँ गदहे भी नहीं
और आपके थूक
किसी का क्या बिगाड़ लेते हैं जनाब

लड़ाई की सही धार कहाँ है जनाब
इसे जानिए और कबीर के पीछे
मेरे साथ हो जाइये

श्रीमान्

श्रीमान्, यह ऊबड़-खाबड़ दुनिया आपकी नहीं है
इससे निकलिए। ऊपर आइये।
ऊपर धूप है दिसम्बर की। कितनी सुखद !
इस छत से नीचे की ऊबड़-खाबड़ दुनिया भी
कितनी हसीन लगती है ऊपर से, श्रीमान्।

नीचे के लोगों से ज्यादा मत बतियाइए
ज्यादा वक्त मत जाया कीजिए इन फिजूल लोगों में
वैसे भी आपको तो नेता बनना नहीं है
कॉलेज में अच्छी तनख्वाह है। एक रुतबा है।
फिर काहे को श्रीमान् इन बेमालूम और बेकार
लोगों के लिए कुछ करें। जिंदगी
चार दिन की है। चाँदनी में बिताइये। धूल
फाँकने से क्या होगा ? क्या होगा श्रीमान्
आपके इस मानवतावाद से ? क्या होगा ?

श्रीमान् सबसे बड़ी चीज है कैरियर
उसे बनाइये और मेरी तरह ही
जिंदगी भर मौज उड़ाइये

सर

जी सर
हाँ सर
आप बहुत भले हैं सर
सच, आप बहुत भले हैं
आप जैसा अफसर
इससे पहले कहीं भी क्षण भर
नहीं देखा, नहीं देखा
नहीं देखा, सर !

आपकी कार में चढ़ने का सौभाग्य
मेरे जीवन का ऐतिहासिक दिन है
यह दिन कितना सुखद है सर
आपके साथ मैंने जी भर पी है
आज आपने जनम भर की साध
पूरी करवा दी सर
चमेली बाई का दर्शन
शायद इस जनम में नहीं ही कर पाता
जीवन का स्वर्ग नहीं ही देख पाता

आपने अच्छा किया सर
साले रामरतन को पिटवा दिया

उसे नौकरी से निकलवा दिया
आखिर क्लर्क होकर वह अपने को समझता क्या था
अपनी ईमानदारी का रौब आप पर गाँठता था
अब साला रोये जिंदगी भर
आपसे चला था लेने टक्कर
अब मुझे उसकी जगह रखवा कर
आपने मुझ पर
कितना उपकार किया है सर

सर
जिंदगी भर
आपकी हाँ में हाँ मिलाऊँगा
आपके ही गुण गाऊँगा
इतना भला भी
भला होता है कोई अफसर

झोला-1

मेरे कंधे पर रहता है
हमेशा एक झोला

ज़ब छोटा था
दीदी बड़े भैया के फटे पैंट का
बनाती थी झोला मेरे लिए
मैं उसमें रखकर अपनी स्लेट और मनोहर बाल पोथी
जाता था कदमा स्कूल

लोग मेरे झोले पर हँसते थे
मास्साब कहते थे
लाने को कोई अच्छा झोला
पर यह झोला
मेरे मिट्टी के मकान की तरह ही
प्यारा था मुझे
जो हर बरसात में बुरी तरह चूता था
और कभी-कभी ढह भी जाता था
मेरे उस झोले में
मेरी दीदी का स्नेह छुपा था जो
कितने जतन से बनाया करती थी झोला मेरे लिए

जब बड़ा हुआ
मेरी तरह मेरा झोला भी बड़ा हुआ
कॉलेज की लड़कियों ने कहा–
यह क्या तुम झोला लटकाते हो
बेढंगे लगते हो
कमती है स्मार्टनेस इस झोले से
प्रोफेसरों ने कहा–वो भारत ? वो झोलेवाला ?
और मैं झोला-विरोधियों से
अलग-थलग होता गया

अब कॉलेज की दुनिया से बाहर
साहित्यकारों की दुनिया में हूँ
यहाँ झोला लटकाना फैशन है
लोग झोला लटकाकर ही
बनते हैं साहित्यकार

पर मैं क्या करूँ ?
झोला मेरे बचपन की यादें है
मेरी दीदी के स्नेह की खुशबू
इस झोले से मिलती है हर पल मुझे

रात को बिस्तर पर लेटता हूँ दिन भर का थका-माँदा
तो दीवार पर टँगा यह झोला
बीते हुए संघर्षों की याद दिलाता है
क्योंकि दुर्दियों का एकमात्र साथी यही रहा है मेरा

झोला-2

एक छोटा-सा चलता-फिरता
पुस्तकालय है झोला
जिसमें भरी हैं रहस्यों से भरी
जिंदगी की किताबें

इस झोले में उम्र के अनुभव भरे हैं
झोले की आँखों से देखे हैं मैंने
जिंदगी के चेहरे-दर-चेहरे

मेरे कंधे से लटकता यह झोला
करता रहा है लम्बी यात्राएँ
घूमता रहा है
देश का कोना-कोना
मेरे कंधे से लटकता यह झोला
मेरा तीसरा हाथ है
इसने दोनों हाथों से भी अधिक
उठाया है वजन
करता रहा है मेरी यात्राओं की
थकान को कम

इस झोले को अपने से अलग मत करो
इसे करने दो अपने साथ यात्राएँ
अपने में भरने दो दुनिया भर के अनुभव
क्योंकि जब सदियाँ रुकने को होंगी
यह झोला ही करेगा गतिशील

चश्मा

इस चश्मे की एक अलग दुनिया है
सोहन बाबू की आँखें जब पहनती हैं इसे
पूरी की पूरी दुनिया का रंग ही बदल जाता है
कड़ाके की धूप में यह चश्मा
एक गिलास शरबत की तरह है सोहन बाबू के लिए
सूरज की तीव्रता से लेता है लगातार टक्कर
अंधड़ की रेत से आँखों को रखता है सुरक्षित
यह चश्मा आँखों की कमीज है

सोहन बाबू इस कमीज को मोड़कर
अपनी कमीज की जेब में रख लेते हैं
रात घर लौट कर कमीज को टाँग देते हैं दीवार पर
कमीज की जेब में पड़ा चश्मा रात भर
आराम की नींद लेता है
और सोहन बाबू के जागने के बाद भी
सोता रहता है बेफिक्र तब तक
जब तक सोहन बाबू अपने घर से बाहर
एक निरन्तर चलने वाले संघर्ष से जूझने
नहीं निकल जाते हमेशा की तरह

सोहन बाबू को जमाने की लू

अभी तक झुलसाती आयी है
अभी तक सोहन बाबू से
हर सूरज चिढ़ता आया है
पर सोहन बाबू अभी तक
अपने ही आदर्शों पर जीते रहे हैं
अपनी ईमानदार आँखों को लू-लपट से
बचाते रहे हैं इस चश्मे से

सोहन बाबू अब हो गये हैं पचास के
पर न जाने कब तक
इस चश्मे पर
झेलते रहेंगे सूर्यग्रहण
अपने ही जीवन के

रतन वर्मा-1

चाय पियोगे रतन वर्मा ?
घूमने चलोगे रतन वर्मा ?
तालाब के किनारे बैठोगे रतन वर्मा ?

रतन वर्मा
चलो, चलते हैं
चाय पीते हैं
रतन वर्मा
चलो चलते हैं
तेरे साथ चलते हैं
पर बीच में मत करना कोशिश
भागने की
बीच में मेरी हाँ में हाँ भी मत मिलाना
रतन वर्मा
मुझे जहाँ भी गंदगी में देखो, जुतियाना
मेरे मुँह पर भी मुझे गलियाना
पीठ पीछे चुप रहो
अंटसंट बको या बड़ाई करो
मेरे को क्या ?
मेरे को क्या, रतन वर्मा ?

रतन वर्मा-2

एक नाला है हमारे सामने
जो हमसे बेखबर बहता ही जा रहा है
और नाले से बेखबर तुम
बहते ही जा रहे हो रतन वर्मा

बचपन में पिता की मृत्यु
फिर माँ की मृत्यु
फिर अपने ही बचपन की मृत्यु
आदमी एक और मृत्यु तीन !
तीन-तीन लाशों को हृदय में रखकर
कहाँ-कहाँ घूमते रहे तुम
दरभंगिया रतन वर्मा ?

मामाजी ने पिता का प्यार दिया
मामीजी ने माँ का
पर दरभंगे ने क्या दिया
बुरी संगतियाँ, बुरी आदतें
जीवन का वृक्ष जो बड़ा होता
फैलता-फूलता
दरभंगे ने जड़ें ही काट डालीं
बिना जड़ों के कब तक रहता आखिर ?

पत्नी के साथ चला गया देहरादून
वहाँ देहरादून में लोहारी का काम किया
मेहनत-मजदूरी की
कपड़े की दुकान में सेल्समैन का काम किया
विश्वास नहीं होता तुम्हें न !

पत्नी और तीन बच्चे
और मामूली-सी पढ़ाई
और अजनबी एक शहर
ऐसे में गुजारा करना कितना कठिन है भाई !

फिर हजारीबाग के कोयलाखदानों की नौकरी
और अब एजेंट बना बिहार का सालों भर भ्रमण
न सोने का ठिकाना, न खाने का ठिकाना
ऐसा मौका कहाँ लगता है यायावर
कि आत्मीय लोगों के बीच जी हल्का करूँ

अब नाले में ऊफान आ रहा है
नाला हमारे ऊपर से होकर बह रहा है

इतने भावुक मत बनो रतन वर्मा !
रतन वर्मा, आज तुम्हारी कहानी सुनकर लगा
कि अपनी ही कहानी सुन रहा हूँ
अपने ही जीवन-संघर्षों को याद कर रहा हूँ
पर थोड़ा फर्क है
जैसा कि हर कहानी का दूसरी कहानी से होता है
खैर, फिर कभी
फिर कभी सुनाऊँगा अपनी कहानी

मुखियाजी

मुखियाजी अब नहीं रहे मुखिया

मुखियाजी के घर में
कभी जमती थी बैठक
जमा होते थे
चार गाँव के लोग
चार गाँव की बातें
चार गाँव की इज्जत
होती थी एक
मुखियाजी की बैठक में

किसी की भी शादी में
मुखियाजी होते थे
अपने ही घर की तरह शरीक
किसी की मृत्यु से होते थे बेचैन
जैसे हुए थे अपनी माँ की मृत्यु पर दुखी

मुखियाजी पूरे गाँव की नाक थे

पर यह कैसे हुआ
कि उनकी नाक पर एक मक्खी बैठ गयी
उनकी नाक कर गयी गंदी

मुखियाजी धीरे-धीरे नाक की जगह
हो गये कान
अब उनकी बातों से
किसी के कानों पर
जूँ तक नहीं रेंगती

मुखियाजी हो गये अकेले
अपनी बैठक के रह गये एकमात्र सहचर

मुखियाजी अब मुखिया नहीं रहे
और चार गाँव की बातें
चार गाँव की इज्जत
हो गयी अलग-अलग

किस्सा लंगड़ू पांडे का

कितने साल गुजर गये
गुजरे हुए लंगड़ू पांडे को !
–याद करता है
मेरे पड़ोस का हिरामन
उसके मन में कुलबुलाती है एक बात–

फिर वही बात हो
फिर वही बचपन हो
लंगड़ू पांडे गुजरें
उसके घर की गली से
और वह चिढ़ाये–
　　　　लंगड़ू पांडे
　　　　कड़रू का बच्चा··· डूर्-रे !

और लंगड़ू पांडे दौड़ें
अपनी बकुली लेकर
भचकते

उनकी दौड़
ही ही ही

कितनी खुशी
कितना सुख
दे जाती थी
बचपन की यह चुहल !

यह रोज का सिलसिला
लंगड़ू पांडे का रोज का गुजरना
और वही चुहल–
लंगड़ू पांडे
कड़रू का बच्चा… डूर्–रे !

पर यह चुहल
आज कितना सालती है
कितनी धूल उड़ा जाती है
यादों की यह गाड़ी

इस गाड़ी पर सवार
हम गँवई लोग
क्यों लौट जाते हैं
फिर वहीं
जहाँ से यात्राएँ शुरू कर
पहुँचे हैं शहर
हुए हैं मशीन
पर कुछ ऐसा है
कि जंगल की तरह
हमें बेतरतीब बिखरा देता है
और लंगड़ू पांडे की जर्जर हालत
मैल जमी, फटी कमीज हमें खींचती है अपनी ओर

कितने साल गुजर गये
गुजरे हुए लंगड़ू पांडे को
याद करता रहता है
मेरे पड़ोस का हिरामन

एक बार हिरामन
उर्फ हिरमनिया तेली
पड़ा बीमार
लंगड़ू पांडे ने जब गली से
आते-जाते नहीं सुनी उसकी पुकार
तो हुए बहुत परेशान

यह हिरमनिया की आवाज को क्या हुआ
या कानों को धोखा हुआ !
पर नहीं ! इस गली में कोई नहीं !!
हिरमनिया ससुरा
ई कहाँ चला गया ?

अचम्भा
घोर अचम्भा !

फिर दूसरे रोज
हिरमनिया फिर गली से गायब !
लंगड़ू पांडे हैरान !

ई हिरमनिया ससुरा को
कुछ हो-हवा तो नहीं गया

वे घुसे उसके घर में
हिरामन को बीमार देख
फूट-फूटकर रो पड़े

उस रोज भीख माँगने नहीं गये लंगड़ू पांडे
और हिरमनिया के सिरहाने
बैठे रहे। बैठे रहे

लंगड़ू पांडे नहीं रहे अब
कितने साल गुजर गये
दिलों में यादों के बबूल रोप जाते हुए
गाँव के बच्चों के
जवान हुए दिमागों से
नहीं हटते लंगड़ू पांडे

अपने साथ वे
छोड़ गये हैं ढेर सारे किस्से

उन किस्सों में
लंगड़ू पांडे के खेत
बिल्कुल हल्के ढंग से दूसरों के हाथों में जा रहे थे
उन किस्सों में
उनका मकान ढहता ही जा रहा था
उन किस्सों में
उनकी पत्नी भूख से जली
दूसरों के घरों में
चौका-बासन कर रही थी
उन किस्सों में

भीख माँग रहे थे लंगड़ू पांडे
उन किस्सों में
गाँव भर के लोग
उनका मजाक उड़ा रहे थे

और अंतिम दिनों में
पगला गये थे लंगड़ू पांडे

आज वे बच्चे जवान हो गये हैं
जो लंगड़ू पांडे का असली नाम तक नहीं जानते
वे यह भी नहीं जानते
कि लंगड़ू पांडे
क्यों हो गये पागल
कैसे हो गये पागल ?

पूरा का पूरा गाँव
उस पागल को
इस भरी दुनिया में
भटकने को अकेला छोड़
उसी के धन पर
कुम्भकर्ण की नींद सोता रहा
और हमारे बीच से
अदृश्य हो गये लंगड़ू पांडे

कितने साल गुजर गये
लंगड़ू पांडे को गुजरे हुए
फिर भी उस
ढहे हुए मकान को
यादों में बिठाये जी रहे है हम

लंगड़ू पांडे
हमारे बचपन के बीच से
अब भी गुजरते हैं
पर कोई नहीं करता चुहल
कोई नहीं कहता–
        लंगड़ू पांडे
        कड़रू का बच्चा… डूर्-रे !

पंडिताइन ममा

मेरे घर भी
आती हैं पंडिताइन ममा
लाती हैं खबरें
गाँव भर का नगद-उधार
उनके आँचल की गाँठ में
बँधा होता है
वो मेरे गाँव का अखबार हैं

घर-घर के बच्चे
उनसे करते हैं हँसी-ठठा
बच्चे पंडिताइन ममा को
चिढ़ाते हैं
पर पंडिताइन ममा
कभी बुरा नहीं मानतीं
कितने प्रेम से भरी हैं
पंडिताइन ममा !

हर घर से ऐसा रिश्ता
किसी का भी नहीं
जैसा है पंडिताइन ममा का
गाँव के हर घर की साथी हैं वो

लोगों की
मुसीबतों में रहती हैं साथ

पंडिताइन ममा
गाँव का अखबार ही नहीं
एक पुल हैं
जिससे हर आदमी
जाता है एक-दूसरे के घर
होता है एक दूसरे के दुखों में शरीक

तमाम गँवई रूढ़ियों से ग्रस्त भी
पंडिताइन ममा मुझे बहुत प्यारी लगती हैं
उनसे अलग मैं
गाँव की आत्मा
कहाँ तलाश सकता हूँ

पानमाई

आठ-दस केले
आठ-दस अमरूद
और गुड़ के लट्ठे

प्राथमिक पाठशाला के ऐन दरवाजे पर
सजती है यह दुकान
एक छोटे-से बोरे पर
और धूप में चमकती रहती है

इस दुकान के तीन सामान
तीन कोनों में रहकर
भारत के नक्शे का बोध देते हैं
पानमाई इस नक्शे पर झुकी रहती है
सुबह से शाम तक

सुबह से शाम तक
बच्चों के नन्हे पैर
रुकते हैं दुकान के सामने
करते हैं बोरे के बोझ को कम

पानमाई की यह दुकान
अँधेरे से चिढ़ती है

वह नहीं होना चाहती
अँधेरे के क्रिया-कलाप में शरीक

अपनी दिनभर की कमाई
शाम होते ही
पानमाई को सौंपकर
उसके कंधों पर हो जाती है सवार
और पहुँच जाती है
लाला लखन लाल की दुकान

लखन लाल की दुकान की भव्यता को देखकर
कितना दुखी हो जाती है पानमाई की दुकान !
अपनी दिनभर की कमाई
सौंप देती है पानमाई
लाला लखन लाल की दुकान को
थोड़ी सत्तू और नमक के लिए

पानमाई को देखकर मैं हर बार पूछना चाहता हूँ
पर पूछ नहीं पाता–
पानमाई ! पानमाई !
पैंतीस में हो गयी हो बुढ़िया
तुम्हें छोड़कर कहाँ चला गया तुम्हारा पति ?
कहाँ चली गयी तुम्हारी पान बिटिया ?

चंदर काका

बहुत दिनों के बाद दिखे कल चंदर 'का

अपने बैलों को लेकर नंगे कदमों से
चले जा रहे थे अपने में खोये-से
कितने ही निर्लिप्त-भाव से
रहते हैं अब चंदर 'का
बहुत दिनों के बाद दिखे कल चंदर 'का

जब छोटा था
चंदर 'का ने
रामचरित मानस का सार बताया था
ज़ब छोटा था
चंदर 'का ने
स्वाभिमान से
जीने का ढंग बताया था
जब छोटा था
चंदर 'का ने मुझको गोद उठाया था
और प्यार का, आजादी का
मुझमें भाव जगाया था

चंदर 'का ने

पास-पड़ोस का कभी बुरा नहीं चाहा
चंदर 'का ने खुद अभाव का जहर पिया
पर मुस्काते

चंदर 'का का घर है अब
नाती-पोतों से भरा-भरा
सब अपने में मग्न
और चंदर 'का का मन
रहता है कुछ फिरा-फिरा
उनका खेतों से, फसलों से
बैलों और तुलसी बाबा से
अभी तलक अनुराग हृदय में
कितना रहता है हरा-भरा

चंदर 'का हैं
कदमा का इतिहास
सत्तर साल के
सबसे हैं बुजुर्ग गाँव के

चंदर 'का हैं
कितने अब एकांत !
एक संगीत !
एक अनुगूँज !
जो कभी-कभी ही मुझे सुनाई देती है इस अंचल में

बहुत दिनों के बाद दिखे कल चंदर 'का
बहुत दिनों के बाद एक संगीत सुना

प्रारम्भिक कविताएँ

[ये सभी कविताएँ हजारीबाग के छह कवियों की कविताओं के संयुक्त संकलन 'एक ही परिवेश' में संकलित हैं। 'एक ही परिवेश' 1979 में प्रकाशित हुआ था और अब अनुपलब्ध है, इसलिए ये कविताएँ यहाँ संकलित कर दी गयी हैं। कविताओं के अन्त में उनका रचना-काल भी दे दिया गया है।]

खिलाफ

सामन्तों के द्वारा निर्मित
कल्पित ईश्वर के खिलाफ
बच्चों के मस्तिष्क में
        ठूँसे जाने वाले गलत संस्कारों के खिलाफ
सदियों से पीसती
        काली व्यवस्था के खिलाफ–

लोग–हो रहे हैं एकत्रित
लोग–बन रहे हैं जुलूस
लोग–लगा रहे हैं नारे

मवेशियों की आँखें पहचानने लगी हैं
वह जो उन्हें हाँकता रहा है
एक-एक कर उनकी बिरादरी को
        करता रहा है जिबह

हत्यारे के उन हाथों के खिलाफ
भाषा में जमे अलंकरण
        और आभिजात्यपन की काई के खिलाफ
वक्त के सीने में
        पेड़ बनकर सूख गयीं इच्छाओं के खिलाफ

कविता आज खड़ी है
मानो तलवार बन गयी है
तलवार वालों के खिलाफ

[1978]

आइये

आइए ! मेरी जेब में दियासलाई की डिबिया है
मैं आपके होठों की बीड़ी सुलगा दूँ

आइए, मैं सिर्फ जागता हूँ
आपकी नींद मेरे संस्पर्श से घुल जायेगी

नींद
कब तक सोयेंगे आप ?
मत सोइये गहरी नींद !
चूसते हैं खून......

खून ! लाल खून !
नहीं रह गया है अब आपके पास !
खून बन्द है बोतलों में !
बोतलें बन्द हैं आलमारियों में
आलमारियाँ जड़ी हैं महलों में !

आइए ! मैंने अपनी मुट्ठियाँ बन्द कर ली हैं
तनी हुई मुट्ठियों में
आपकी सम्वेदना
आपके अधिकारों का स्वर......

आइए ! मेरी जेब में दियासलाई की डिबिया है !
मैं आपके होठों की बीड़ी सुलगा दूँ

[1978]

आजादी

बह रही है नदी अप्रतिहत !
मैंने देखा है पुल बनते
    और टूटते हुए !
पुल के पाये अवशेष हैं–
धारा को खण्डों में विभाजित करने के
व्यर्थ प्रयास में संघर्षरत !

मेरा घर उस ओर है,
मैं इस ओर हूँ,
मेरे घर में प्रतीक्षित
    मेरी पत्नी
और मेरी बेटी
अब तीस वर्ष की हो गयी होगी
पर मैंने नहीं देखा
कभी नहीं देख पाया
जन्म के समय देखा था
    शायद देखा था !

[1977]

आजादी के बाद

इसके बावजूद
कि रोशनी
        एक आकृति बनती
चारों तरफ
        बजने लगी घंटियाँ
और न जाने कैसे
हर ओर
धीरे-धीरे
फैलने लगा धुआँ

फिर भी हम अपने कमरों में बैठे
करते रहे बहस
और होता गया
हमारा अपना ही चेहरा
विकृत

[1976]

विवशता

हवा अभी भी बह रही है
बहती रहेगी हवा
उसी तरह खामोशी की दहलीज पर
उचरती विवशता
कविता के निकट खड़ी है

जनतन्त्र के इस जुलूस में शामिल
हम भी तो हैं
पर नारे लगाती हमारी आवाज
मर गयी है

अपने देश के मुर्दा जिस्म से
सम्भोग करते लोग
कितना खुश हैं
पर हमारी खुशी
हमारे सिरहाने
सो गयी है
और खामोशी की दहलीज पर
उचरती विवशता
कविता के निकट खड़ी है

[1976]

शहर

ओ शहर !
मैं तुम्हारे हृदय का स्पन्दन हूँ
पर देखो
        क्यों इस कदर भयभीत हूँ

आकाश की नीलिमा
तुम्हारी आँखों में खो गयी है
और रह गयी है
        सूर्य की खून से लथपथ लाश !

मैं गाँव जाना चाहता हूँ
जिसकी गलियों में
        स्वच्छन्द हवा टहलती है
आदमी 'सच' में साँस लेता है
अन्धेरा हमें निगलता नहीं, शहर !

तुम्हारे फुटपाथों पर
सोते हैं आदमी :
नहीं, नहीं, कुत्ते
पर किसी पर भूँकते नहीं
किसी को काटते नहीं

तू कितना धूर्त है रे, शहर !
मैं रोशनी में पढ़ना चाहता हूँ अखबार
पर तू
राहजनी, डकैती, खून, बलात्कार की
तस्वीरों को ले
खड़ा हो जाता है रू-ब-रू मेरे

[1979]

कविता के साथ

कितनी व्यर्थ हो जाती है कविता
जब संघर्ष की आँखों से
चूने लगता है
ढेर सारा पीप

क्यों अँधेरे में दुबके
टटोलते हो सूरज को ?
सूरज दीप्तिविहीन क्या
यहीं कहीं सो गया है ?

सूरज
यहाँ कहाँ है भाई–
पहले इस अँधेरे से बाहर आओ
और बन्द कर लो
अपनी मुट्ठियों में
अँधेरे के खिलाफ एक बयान
चल पड़ो उपेक्षित, असंख्यों सूर्यों के
अस्तित्व को अपने कन्धों पर बिठाने

तब संघर्ष सार्थक हो
कविता के दरवाजे को खटखटाएगा

और कविता प्रदानेगी पैनापन
जो चमचमाते शस्त्रों से भी
अधिक धारदार होगी !

[1976]

दरअसल मैं······

दरअसल मैं
कविता नहीं लिखता
आदमी होने की बात कहता हूँ

आदमी
जो थककर पसीने से लथपथ है
अपने कमजोर कदमों से
नापता धरती का सीना
जिसकी मुट्ठियाँ कस गयी हैं !

उठाओ
शब्दों में आदमी को उठाओ
उसके लिए
भाषा के
सभी दरवाजे खोल दो
इसलिए नहीं
कि आदमी सिर्फ जी उठेगा
बल्कि उसकी युयुत्सा तीव्र हो उठेगी

आदमी
स्वयं में कविता है

और कविता
आदमी के होने का दस्तावेज

दरअसल मैं
कविता नहीं लिखता
आदमी होने की बात कहता हूँ।

[1979]

दादी और मि. रामपाल

हमारे अन्दर जन्मने के साथ ही
घना होता गया है संस्कारों का जाल
और हम सब अपनी संस्कृति को याद करते
अपने गौरव को बाँचते
पानी पीकर सो जाते हैं
हमारा मन विद्रोह करना नहीं चाहता
वह दुसता है आज के युग को......

यही है भारत !
यही है धरती !
कहती है हमारी दादी
रुपया में सेर भर घी
मन भर चावल मिलता था
आ गया है घोर कलियुग
अब कोई राम नहीं
पर शीघ्र ही अवतार होगा
पाप का घड़ा फूटेगा

कहती है हमारी दादी
और हम सोचते हैं
वह भी क्या जमाना था !

इस तरह हमारी दादी भी
    हमारे अन्दर जम जाती है

पर कुछ लोग हैं
जो अखबार पढ़ते हैं
देश-विदेश की खबरें रखते हैं
कैसे इन्दिरा गाँधी रसातल चली गयीं
मोरारजी भाई मूत पीते हैं
कर्पूरी ठाकुर जातिवाद फैला रहे हैं
इन विषयों पर घंटों बहस करते हैं
और अपने आपको प्रगतिशील कहते हैं
राष्ट्रीय, राजनैतिक चेतना का वाहक मानते हैं

चेतना
उन खाकीधारियों में भी है
जो रक्षक हैं
पर जिनके संरक्षण में
रात भर शहर लुटता रहता है !

पर इन सभी के प्रति
पालता है आक्रोश और घृणा और आग
मि. रामपाल

मि. रामपाल की नजर में
मैं, दादी और हमारे संस्कार
सबसे भयानक जन्तु हैं
मि. रामपाल कहता है
राम अब जनम नहीं लेगा

वह रह गया है बहुत पीछे
उसकी यादें भी जला दो
और अपने बीच से
पैदा करो एक राम
जो एक राजा या सामंत नहीं
मजूर हो, किसान हो
जिसके हाथों में तीर-धनुष नहीं
हँसिया और फावड़ा हो

मि. रामपाल कहता है
अपने अन्दर बहती
संतोष की नदी पर
असन्तोष का पुल बाँधो
और चल पड़ो
अपने अधिकारों के हन्ता का दमन करने

दादी कहती हैं
रामपाल नास्तिक हो गया है
इसलिए ऐसा कहता है

पर रामपाल कहता है
इसलिए आज वह मुजरिम है
कानून की नजर में अपराधी
बड़े-बूढ़ों की नजर में मतभ्रष्ट

इसके बावजूद रामपाल कहता है
हमारे संस्कारों के जालों को नोचता हुआ
पुरुषोत्तम राम की कहानी पर हँसता हुआ

रामपाल कहता है
इसलिए कि वह हमारे अन्दर पलने लगा है
और हमारी दादी मरने लगी है
जिसे बहुत पहले ही मर जाना चाहिए था

[1977]

शारदा दी

तुम चाहती हो
अपने से बाहर निकलना
हवा की तरह प्रवाहित होना
लोगों के बीच अपनी अस्मिता को
भाषा प्रदानना
तुम चाहती हो शारदा दी
क्योंकि तुम्हारी महत्वाकांक्षा
चाहती है बतियाना–
बर्तन माँजती पनिया कहारिन से
नदी किनारे कपड़े धोती परबतिया धोबिन से
बसूला बजाते नन्हकू बढ़ई से

तुम आम आदमी की विसंगतियों के लिए
लड़ना चाहती हो शारदा दी
पर अपने आप से निकल नहीं पाती

इस तरह कब तक स्वयं में घुटती रहोगी ?
अपने आक्रोश को नहीं सौंपोगी भाषा
कब तक
खुद से लड़ती रहोगी–
चुप ! शारदा दी ?

कब तक तुम भारतीय नारियों के इतिहास पर
कदम रखे रहोगी ?
कब तक अपनी नियति के फन्दे में
तड़पड़ाती रहोगी ?

तुम नहीं जानती शारदा दी
शायद नहीं ज़ानती
आदमी का चेहरा आज
कितना झुलस चुका है
और उसकी जिन्दगी ही
उसे कितना लूट चुकी है

तुम्हारे अन्दर
जारी महाभारत का कर्ण
अब शायद मर चुका है
और कृष्ण कुरूप होकर अट्टहास लगा रहा है
आज का कृष्ण किसी खलनायक की तरह
तुम्हें क्यों लगता है शारदा दी ?

शारदा दी
अब तुम ज्यादातर खामोश रहती हो
यदा-कदा बोलती हो
पर तुम्हारी आँखें बोलती हैं–
तुम्हारी व्यथा और यन्त्रणा और संत्रास

तुम्हारी आँखें कहती हैं–
मैं सुनता हूँ
और न जाने कैसी अनजानी वेदना से भर

खिलखिला उठता हूँ
और तुम मुझपर खीझ जाती हो

तुम सुनती हो कविताएँ और गीत
पर तुम्हें नहीं लगतीं कविताएँ अच्छी
नहीं लगते गीत अच्छे
तुम्हें भाता है सिर्फ आदमी
इसलिए तुम कविता में, गीतों में
कविता और गीत नहीं
आदमी तलाशती हो
आदमी तुम्हें अच्छा लगता है !

तुम जब स्कूल में पढ़ाती होती हो
बच्चों के बीच
तुम्हारे चेहरे पर
बच्चों से भी ज्यादा भोलापन
अधिक पवित्रता खेलती है
तब तुम मरियम-सी दीखती हो

तुम सच में
मरियम हो जाती हो शारदा दी
बच्चों के बीच
एक दैवीय प्रतिमा

शारदा दी
अब मैं तुमसे ज्यादा नहीं मिल पाता
शायद तुम मुझे भूल भी गयी होगी

पर तेरी आकृति
मेरी स्मृतियों में अब भी कौंधती है
    और कौंधती ही रहेगी

मैं तुम्हें हारा हुआ नहीं देख सकता
तुम्हें विजयी देखना चाहता हूँ
इसलिए तुमसे दूर भी
    तुम्हारी लड़ाई लड़ रहा हूँ

[1978]

ईश्वर

मन्दिरों से निकलकर
शरण की तलाश में
हाँफता-काँपता लंगड़ाता ईश्वर
फुटपाथों पर
दीख रहा है
भूखे, नंगे, असहायों के बीच
कुछ-कुछ जीना
सीख रहा है !

[1975]

ऐसा लगता है

अब बहुत कुछ ऐसा लगता है
कि आदमी ढहता हुआ घर नहीं होकर
एक लम्बी सड़क हो गया है
जो राजधानी के महज एक कुर्सी में जाकर खो जाती है

अब बहुत कुछ ऐसा लगने लगा है
कि भावनाएँ समुद्र की लहरें नहीं होकर
दीवारों पर सटी पोस्टर हो गयी हैं
और आँखें बहुत कुछ पाने की मुद्रा में वहीं पसर गयी हैं

अब बहुत कुछ ऐसा लगने लगा है
कि भाषा बीच का तार नहीं होकर
कुछ सूखी रोटियाँ हैं
जिन्हें चबाने की मजबूरियाँ हैं

पर अब भी ऐसा नहीं लगता
बहुत कुछ ऐसा नहीं लगता,
फिर भी लगता है–
बहुत कुछ ऐसा लगता है !

[1979]

पगडंडी

एक पगडंडी मेरे अन्दर निर्मित हो गयी है
पगडंडी कच्ची है
मैं अपने शब्दों को
बाहर आने से रोकता हूँ

भोगना चाहता हूँ सुख
निर्जनता में जीने का
अकेले का रस पीने का
पर उसी समय
हजारों हाथ मुझे घेर लेते हैं
मैं उन हाथों का वरण करता हूँ
मैं युद्ध में शरीक हो जाता हूँ

अब
पगडंडी पर धूल उग आयी है

[1977]

झेलते हुए
[लम्बी कविता]

'झेलते हुए' अक्टूबर, 1980 में जब प्रकाशित हुई थी, तब उसकी भूमिका-स्वरूप अनिल जनविजय का यह वक्तव्य छपा था–

> 1980 कविता के लिए बेहद महत्त्वपूर्ण है। एक तरह से इस वर्ष कविता पुनः साहित्य की मुख्य विधा के रूप में उभर कर आयी है। न केवल आज के प्रमुख कवियों की कविताएँ बल्कि अनेक पुराने और बेहद पुराने कवियों के संग्रह भी इस वर्ष आये हैं। कविता के ऐसे समय में किसी नये कवि के लिए अचानक उभरना और साहित्य में अपना स्थान बना लेना बेहद कठिन है।
>
> भारत यायावर अपनी कविताओं की प्रखरता की वजह से इस संघर्ष-विपुल वर्ष में ही उभर कर आये हैं। यायावर ने बहुत कम लिखा है, पर जो भी लिखा है, जितना भी लिखा है, उसमें उनकी चेतना-सम्पन्न संवेदनशीलता के चलते वे सभी स्थितियाँ उजागर होती हैं, जिनसे आज का आदमी जूझ रहा है। हमारे देश का तथाकथित जनतंत्र और निठल्ली व्यवस्था किस तरह व्यक्ति को सामर्थ्यहीन और दुर्बल बना देती है, इसकी विशिष्ट कलात्मक अभिव्यक्ति वे अपनी कविताओं में कर पाये हैं।
>
> भारत यायावर की कविता 'झेलते हुए' उनके उन दिनों की उपलब्धि है, जब वे भयानक मानसिक तनावों से जूझ रहे थे। हो सकता था इन तनावों के रहते वे अन्तर्मुखी होकर निस्संग निजता की रचनाएँ भी रचने लग जाते, पर अपने मानवीय बोध की सम्पन्नता, सहजता और निरन्तरता के कारण उनकी दृष्टि आत्मनिष्ठता की न होकर आत्मनिष्ठ वस्तुनिष्ठता की रही, जिनके चलते वे इतनी सार्थक कृति देने में सक्षम हो सके।

[1]

बाहर और भीतर
जो शून्य है
जगाता रहता है
बार-बार

मेरे अन्दर
कभी
वर्षा की झड़ियाँ
पड़ती हैं लगातार
कभी
भावों और विचारों के
वृक्षों को
झकझोरती
बहती है
तेज हवा
और
बाहर भी
यही कुछ होता है
पर मैं
अपने में डूबा
बाहर के शून्य में होते

विवरणों को
नहीं पढ़ पाता
और जब कभी
टटोलता हूँ
बाहर का विस्तृत आकाश
बिछी हुई धरती का
अपरिमेय विस्तार
स्वयं को
बहुत बौना पाता हूँ
डरने लगता हूँ
और कहीं
अपने ही अन्दर
छुपने की जगह
तलाशने लग जाता हूँ

मेरे अन्दर की
बिछी हुई धरती पर
कितनी ही
झुग्गियाँ और झोंपड़ियाँ हैं
उनके सामने
धूल से अँटे
खेलते बच्चे हैं
जो मुझे देख
दहशत से भर जाते हैं
छुप जाते हैं

मैं सभी को पहचानता हूँ
शायद वे नहीं पहचानते मुझे
समझ रहे हैं प्रेत !

सामने
एक लम्बी पगडंडी है
आपस में बतियाते
दूर से ही
कई लोग
चले आ रहे हैं
पर मुझे देख
लगता है
कोई प्रेत देख लिया–

भागते हैं–तेज
        और तेज
        और तेज

ओह !
इस अन्दर की दुनिया में भी
कितना अजनबी हूँ
मेरे अन्दर के समाज में
शायद मेरे लोग नहीं !
अपना कोई घर नहीं !

पर क्यों
मैं अपने ही
बसेरे की तलाश में
फिर रहा हूँ
अपने लोगों के मध्य
जीने को

बेचैन होकर
भटक रहा हूँ

(यह कैसी विसंगति है
कि बाहर से डरकर मैं
भीतर आ जाता हूँ
और भीतर के लोग मुझे
प्रेत समझ लेते हैं ?)

या मेरा अपना ही चेहरा
खो गया है
या खो गयी है
मेरी अपनी धरती
और मेरे अपने लोग !

यह क्यों
इस अन्तर्यात्रा से
ऊब रहा हूँ
यह क्यों
अपने ही अन्दर अजनबी हो रहा हूँ

ऐसे में
याद आती है माँ
उसकी पनियायी आँखों में
तैरता है अब भी मेरा बचपन

बचपन–
जो खुद को पहचानने की
प्रक्रिया से अनभिज्ञ

अबोध जीवन की
एक स्पष्ट व्याख्या है–
आज
खींच रहा है अपनी ओर
और
मुझे याद आ रही है
माँ
जिसकी झुर्रियों में
मेरी उम्र का
इतिहास लिखा है

[2]

मेरे बाहर और भीतर
जो शून्य है
जगाता रहता है
बार-बार

और मुझे
अपनी माँ की
ममता और करुणा के आँसुओं में
अपने देश की
जर्जरित संस्कृति
तलाशती है

देश मेरे व्यक्तित्व का पर्याय नहीं
मैं सिर्फ

इस बूढ़े देश का
भूगोल होना नहीं चाहता

देश
मेरे भीतर के शून्य को
पूर्ण करने में
शायद सक्षम न रहे
पर बाहर का शून्य
पूरित हो
उसकी धरती के जख्म भर देगा

देश मेरी माँ की आँखें हैं
जिसमें मेरे लिए
एक अबोध विश्व है
जिसे मैंने
न जाने कितनी बार
नकार कर भी स्वीकारा है

देश मेरे लिए
मात्र संस्कृति ही नहीं
आनेवाली
एक क्रान्तिकारी पीढ़ी के
समर्पित हाथों की सम्भावना है

हाथ
जो तराशेंगे
हाथों को
हाथ
एक नयी संस्कृति गढ़ेंगे

हाथों की तब
अपनी भाषा
और अभिव्यक्ति होगी

भाषा और संस्कृति और धर्म के मसलों पर
झगड़ते देश-भक्तों को
नकारते
सभी के प्रति प्रेम से सराबोर
हाथों का तब
अपना इतिहास होगा

[3]

बाहर और भीतर
जो शून्य है
टीसता रहता है
बार-बार
और मैं
अभावों के इस नैरन्तर्य में
जागता रहता हूँ
कहता रहता हूँ
लड़ता रहता हूँ

संघर्ष
मेरी आत्मा हो गया है
फिर भी

कविताएँ फूटती हैं
गीत बहते हैं

शब्द
मेरी चेतना के अंग हैं
मुझे इनसे अलग मत करो
शब्द मुझे गढ़ रहे हैं
पर मेरी कविता में
सिर्फ शब्दों को मत देखना
मेरी भाषा पर बहस मत करना
जो मैं झेल रहा हूँ
उसकी विवृति पाकर
सहानुभूति भी नहीं जताना

मेरी कविता के तल में
यदि कोई आदमी मिले
उसे अपने साथ शरीक कर लेना

उस आदमी में
मैं रहूँ या नहीं रहूँ
पर मेरी चेतना होगी
जो जीवन भर
विपरीत स्थितियों से
लगातार जूझती रही है
जूझ रही है

पर मेरी कविताओं को
हथियार नहीं मानना
न कोई नारा ही समझना

कविताएँ अपनी भूमिका आप निभायेंगी
इनके अन्दर के आदमी को
अपने अन्दर बिठा लो
उसे अपनी आत्मा का
सहचर बना लो

[4]

मेरे कमरे में
चूहों के
कितने ही बिल हैं
सभी बिल
एक-दूसरे से जुड़े हैं

मेरे जागते भी
मेरे इर्द-गिर्द
निर्भीक टहलते हैं चूहे
मेरी पुस्तकों को
कुतरते हैं चूहे

पर यह कमरे के बाहर भी
क्यों हर आदमी
चूहा हो रहा है
पूरा देश चूहों से भर रहा है

चूहे
देश की आजादी की
कितनी बड़ी उपलब्धि हैं ?

[5]

मैं आजकल बहुत पीड़ित हूँ
शिराओं में हमेशा
तनाव पा रहा हूँ
क्योंकि पूँजीवाद की
गिरी हुई दशा में
जी रहा हूँ
जहाँ आदमी और चूहे
एक हो गये हैं
मुझे डर है
मेरी पूरी पीढ़ी की
कविताओं को भी
कुतर कर न रख दें
ये चूहे !

चारों ओर
चूहों का आतंक देख
हमारी पीढ़ी
डर रही है
भाग रही है
हाँफ रही है
काँप रही है

उसकी रचनाओं से भी
रह-रहकर झाँकता है
वह डर
उसके सपनों में भी

बार-बार प्रवेश करता है वह डर
वह डर
हर वक्त उसका पीछा करता रहता है

क्या आदमी जीत पायेगा
इन चूहों को ?

न जाने कब, कैसे
आदमी
चूहा बन गया ?

[6]

इन चूहों के खिलाफ
नारे लगाते एक दोस्त से
मैंने एक दिन पूछा था–
    जब भविष्य में
    आदमी असुरक्षित नहीं होगा
    उसकी प्रतिभा क फूल खिलेंगे
    वह अभाव को जीवन नहीं कहेगा
    कितना मनोरम और पावन
    होगा वह दिन !
                वह परिवेश
    पर जब
    ऐसे दिन के पहले
    वहाँ
    तमाम चूहे मिलकर
    एक तलवार बनकर

हमारी जीभ पर
लटक जायेंगे
तब...... तब...... ? ?

मेरा दोस्त
बहुत देर तक सोचता रहा था
फिर बोला था–
तब हम सोल्झेनित्सिन
या सखारोब हो जायेंगे ?

[7]

यह हर सड़क
उस पर्वत की अँधेरी गुफा में
जाकर क्यों खो जाती है ?
क्यों हमारे बीच का ही कोई
बार-बार ऊबड़-खाबड़ रास्तों पर
चलने से बेहतर
मन्दिरों में ख़ुशबू तलाशने लग जाता है

सड़क के दोनों ओर खड़े
भीमकाय वृक्ष
मेरे द्वन्द्व को
मेरे बिखराव को
मेरी थकान को
मेरी शिथिलता को
और विकट कर देते हैं

ये छाया नहीं दे रहे
छाया दे भी नहीं सकते !

इन मन्दिरों में दुर्गन्ध है
यहाँ आत्मा नीरोग कैसे रह सकती है
यहाँ आकर फूल मुस्कुराते नहीं
उदास हो जाते हैं
यहाँ की घंटियों में
किसी धनवान के
पैसे की आवाज आती है

हमें चलना है साथी
क्योंकि हमारी बुनियादी जरूरतें
सुख-चैन-आराम
और-और-और
सब कुछ
छीन ले गया है
वह दैत्य

हमें वहाँ पहुँचना है
उस गुफा के अन्दर जाना है
उसके दैत्य का चाकर बनने नहीं
उसका संहार करने
हमें उसके लालच में नहीं आना है
सुविधाओं को नकारना है
उसके वृक्षों तले निंदाना नहीं है

यह सड़क
और चलना

और लड़ना

यही सत्य है
यही सत्य है
यही सत्य है

और यह शून्य-बोध
जो मुझे लगातार
कुछ होने की प्रक्रिया में भटकाता रहा है
क्या सत्य नहीं है ?

मेरे पास नहीं है
इसीलिए
पाना चाहता हूँ
जानना चाहता हूँ
हँसना चाहता हूँ

एक अजीब-सी छटपटाहट
और बेचैनी और लाचारी और...... और......

मैं मृत्यु के इर्द-गिर्द टहलने लग जाता हूँ
पर क्या मृत्यु मेरे जीवन को
व्याख्यायित कर सकेगी ?

फिर ?

जीना है

जीना है इसलिए शून्य झेलना है
अभाव पीना है
और फिर
संघर्षों की एक लम्बी यात्रा
यातनाओं का अनन्त आकाश

बदल दो
इस आकाश को बदल दो
आदमी को
आदमी का जीवन
            जीने दो

□□□